CB080010

O dia em que me tornei...

SANTISTA

Vladir Lemos

ilustrações:
Chris Borges
e Mauro Souza

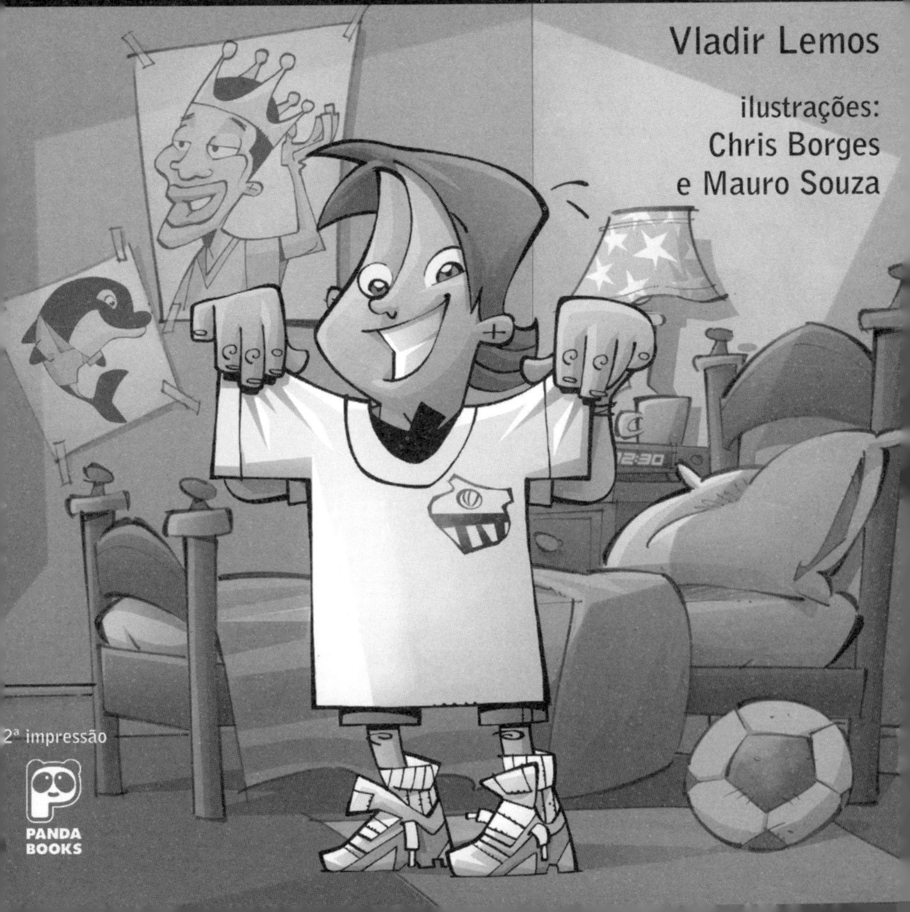

2ª impressão

PANDA BOOKS

Copyright © 2007 Panda Books

Supervisão editorial **Marcelo Duarte**

Assistente editorial **Tatiana Fulas**

Projeto gráfico **Daniel Kondo**
Flavio Peralta

Capa **Ana Miadaira**

Diagramação **Estúdio O.L.M.**

Colaboração **Amauri Segalla**
André Lacerda
Rodolfo Rodrigues

Preparação **Imidio de Pina Barros**

Revisão **Telma Baeza G. Dias**
Márcio de Araújo
Alessandra Miranda de Sá

Dados Internacionais de Catalogação na Publicação
Câmara Brasileira do Livro, SP, Brasil

Lemos, Vladir.
O dia em que me tornei santista / Vladir Lemos
1ª ed. – São Paulo : Panda Books, 2007.

1. Santos Futebol Clube. I. Título. II. Série.

04-8719 CDD 796.3340608161

Índices para catálogo sistemático
Santos Futebol Clube : São Paulo :
Estado : História 796.3340608161

2008
Todos os direitos reservados à
Panda Books
Um selo da Editora Original Ltda.
Rua Lisboa, 502 – 05413-000 – São Paulo – SP
Tel.: (11) 3088-8444 – Fax: (11) 3063-4998
edoriginal@pandabooks.com.br
www.pandabooks.com.br

– Vladiiiiiir! – gritava minha mãe.

Ou era hora do almoço, do lanche,
ou de cumprir algum compromisso.
O chamado era como um apito
final das peladas de infância.
E qualquer mãe poderia apitar, veja só.
Em compensação, só podiam fazer
o jogo terminar para os "seus".
– Tá acabando!
A resposta estava na ponta da língua de todos.
Passava então a valer o "quem fizer ganha".
E assim prorrogávamos um pouco o bate-bola.

Dedico este livro à minha mãe, que, além de orientar
o time, foi sempre bondosa na hora dos acréscimos.

Sumário

Quando penso na minha infância percebo como a bola foi a minha grande companheira. Uma realidade que, eu acredito, me aproxima de muitos meninos do meu país, e do mundo. Não sou capaz de dizer, nem mesmo, quando se deu o primeiro contato com essa coisa redonda, provavelmente de tão cedo que o fato ocorreu. Mas posso lembrar perfeitamente como se deu o encantamento por ela. E nesse processo de descobrir a bola, você sabe, é possível imaginá-la em qualquer objeto que tenha essa forma. Quem já não ensaiou um drible ao se deparar com uma bolinha de tênis? Uma bola de meia? Uma bola de papel e até uma laranja?

No prédio em que eu e meu irmão morávamos havia outros dois irmãos, Vitor e Marcelo. Os três foram os amigos com quem mais joguei bola na vida. Dividiram comigo todas as fases dessa descoberta: a bola de meia, a de tênis, e também os momentos em que o bate-bola foi se revelando despretensiosamente sério. Vieram, então, os rachões na rua, os duelos com os da rua de trás. Foram, por sinal, os duros duelos com os da "rua de trás" que me fizeram descobrir a satisfação plena de vencer uma partida de futebol. Nem sempre acontecia, mas quando acontecia... era demais! O sorriso no rosto de cada um, a conversa depois relembrando os lances. Vencer significava também uma superação física, já que os jogos eram, muitas vezes, cheios de empurra-empurra. O time da rua de trás não era só vigor, não. Tinha uns caras bons de bola; o Claudinho era um deles. Mas nossa esquadra também tinha lá seus nomes. Lembro de um em especial, o Zé Carlos. Um mestiço de pernas tortas que era complicado de encarar. O Zé, além de marcar os jogos, era

quem guardava a bola doada pra garotada pelo famoso árbitro Romualdo Arpi Filho. Romualdo, quando não estava apitando, tocava sua imobiliária que ficava perto da linha do trem, ao lado da padaria.

Depois vieram as peladas na praia, os jogos "clássicos" disputados aos sábados. Na praia, muitas vezes as turmas de amigos acabavam misturadas na hora de formar os times. Mas o auge das peladas da

minha infância foi enfrentar o temido Pireli, time que tinha campo e tudo. O campo ficava muito abaixo do nível da rua, em um terreno baldio. Era preciso descer um barranco pra chegar até ele. Era uma espécie de bomboneira feita de barro. Essa era a arte de jogar bola.

Mas foi com meu pai que eu descobri a arte de apreciar o jogo. Era programa certo! No final de semana, em geral depois do almoço, Seu Ary pegava eu e meu irmão e procurava uma partida de várzea pra assistir. Não eram poucos os jogos de várzea naquela época, dava pra escolher. Ele sabia qual era o time sensação, onde estava o artilheiro, que partida era importante pra decidir a temporada. Na várzea, a maior parte dos campos ficava em lugares abertos. Meu pai então chegava, estacionava o carro perto da lateral e sentávamos no capô, o que evitava problemas caso o clima esquentasse. Lembrando hoje tenho até a sensação de que o capô da velha Brasília era confortável.

E lá íamos nós atrás do Itararé... do Paulistano... do Beija-flor... do Continental...

Como muitas das ruas em que joguei quando criança eram de terra, isso de certa forma parecia me aproximar das emoções descobertas naqueles campos.

Nas décadas seguintes a expansão imobiliária tomou o espaço, e muitas equipes da várzea foram obrigadas a migrar para as areias da praia. Estou contando essas coisas, porque o time que escolhi para torcer é praiano e, de certa forma, esconde na essência um pouco de tudo isso. Claro, como todo santista já fui chamado de viúva do Pelé, mas devo confessar que naquela época, nos idos de 1978, minha inocência me impedia de compreender a importância do Rei do futebol. Pelé era pra mim apenas um jogador famoso que vira-e-mexe aparecia no "Canalonga", um alfaiate que trabalhava em uma casa na Praça do Correio. O que eu sabia era que toda vez que o Pelé pintava por lá causava um reboliço danado na porta da escola. Seja como for, cheguei a dar um aperto de mão nele, levado pela minha mãe.

Como é bom recordar. Veja só! A praça da escola tinha uns bancos que eram, na verdade, duas traves perfeitas. Só não via quem não era moleque, ou não gostava de futebol. Osvaldo chegava todos os dias com sua pasta e seus enormes óculos quadrados, e com uma disposição tremenda colocava aquele campo quase imaginário pra funcionar. Ele se encarregava também de trazer a bola (de meia). Essa bola tinha que ter o tamanho perfeito, porque precisava ser guardada no final do jogo – quando soava o sinal de entrada tinha que ir pra classe com a gente.

Cresci ainda mais, e os finais de semana de futebol com meu pai já não se limitavam à várzea. O Jabaquara e, principalmente, a Portuguesa Santista passaram a fazer parte do roteiro. Ir ao estádio da Caneleira, à casa do Jabuca, em dia de chuva, exigia determinação. O apogeu do time amarelo e vermelho tinha ficado pra trás. A equipe oscilava, mas levava na alma o que faz qualquer clube se encher de orgulho: os duelos eram apaixonados e apaixonantes.

Já Ulrico Mursa era um campo de verdade, com arquibancadas grandes de cimento, todo murado, e repleto de tremoços, muitos tremoços (uma semente amarela cozida e conservada em sal). A pipoca perdia de goleada por lá. No estádio Ulrico Mursa a emoção se tornava ainda maior; torcedores desesperados andavam de um lado para o outro quase sempre sem conter o palavrão e eram o espírito da Portuguesinha, ou "Briosa", como muitos preferem. Hoje entendo por que meu pai talvez não fizesse muita questão de me levar à Vila Belmiro. No fundo, no fundo, ele torcia para um clube da capital. Mas quem não queria ver um jogo de uma equipe que tinha ficado conhecida no mundo inteiro?

Ainda bem que nem meu pai resistiu a essa tentação, e meu dia de entrar na Vila Belmiro chegou.

O jogo era de noite, o que já mudava muito a atmosfera. Mas, como mágica, as luzes de dentro do estádio faziam parecer dia claro. Jamais imaginei que a entrada de um time em um gramado pudesse ser tão grandiosa.

Não, não era um clássico! O adversário era o modesto Comercial, de Ribeirão Preto. Não importava, meus olhos viam um brilho especial em tudo e me fizeram acreditar que eu estava diante do maior evento futebolístico do planeta. Em campo, Pita, Nilton Batata e Juary. Aquele time chamado de "Meninos da Vila" era a visão do que o futebol representava pra mim: brincadeira, emoção, magia.

Pô, e ainda tinha o Juary, o jogador do momento, motivo de exaltação da torcida, que gostava de comemorar seus gols dando voltas frenéticas em torno da bandeirinha de escanteio. O Santos venceu por 5 a 0. Juary fez dois gols.

E pensar que outro dia entrei no site oficial do Santos e o nome dele nem estava na lista de ídolos do clube...

Veja só os Meninos da Vila de 1978 : em pé, Gilberto, Flávio, Antonio Carlos, Zé Carlos, Neto e Nelsinho; agachados, Nilton Batata, Toninho Vieira, Juary, Pita e Claudinho. Sinto um arrepio só de relembrar!

Juary enlouquecia a torcida – e os adversários. Ele gostava de comemorar seus gols dando voltas frenéticas em torno da bandeirinha de escanteio.

Tudo era espetacular, o som do apito do juiz, a expectativa gerada por uma iminente cobrança de falta, aquela coisa de todo mundo levantar repentinamente das cadeiras quando a bola se aproximava do gol. Todos esses detalhes davam ao jogo uma dimensão que eu jamais havia imaginado.

Percebo agora que o decisivo pra eu virar santista foi o fato de que sentia todos os outros times, por maiores que fossem, totalmente distantes de mim. Mas o Santos, não. O Santos estava ali, ao meu alcance. É o time que eu acompanhei e o time que me acompanhou. Naquele dia, antes de me levantar para ir embora, olhei bem ao redor. Sabia que aquelas jogadas frescas na memória virariam inspiração para tratar a bola pelas ruas nos dias seguintes.

Passei pelo portão de saída de maneira reverente. Meu pai me levou à Vila Belmiro outras vezes, mas aí eu já tinha "um" time. Hoje, aqui no futuro, sei que o dia em que eu virei santista foi o dia em que descobri o futebol por inteiro.

O INÍCIO DO SANTOS

No dia 5 de abril de 1912 alguns jovens amigos (entre eles Raimundo Marques, Mário Ferraz de Campos e Argemiro de Souza Júnior) distribuíram uma circular convocando interessados em fundar um clube de futebol na cidade de Santos. O encontro foi marcado para o dia 14, às 20 horas, na sede do Grêmio Concórdia. Compareceram à reunião 39 pessoas, na maioria entusiastas do esporte recém-chegado ao Brasil. Alguns participantes já tinham disputado partidas de futebol por outras agremiações. Do grupo inicial de presentes saíram alguns dos primeiros jogadores do Santos; dois deles, Millon e Arnaldo, chegaram mais tarde a vestir a camisa da Seleção Brasileira. A sessão que oficializou a criação do clube de maior projeção internacional da história do futebol brasileiro foi comandada por Raimundo Marques, que, às 22 horas e 33 minutos de 14 de abril de 1912, declarou fundado o Santos Futebol Clube.

NOME: Santos Futebol Clube
FUNDAÇÃO: 14/04/1912
HOME PAGE: www.santosfc.com.br
SEDE: Rua Princesa Isabel, 77 – Vila Belmiro
TELEFONE: (13) 3257-4000
E-MAIL: santosfc@santosfc.com.br

A ORIGEM DO NOME

Não faltaram sugestões esquisitas para nomear o novo time. Denominações como África, Brasil e Euterpe foram logo rechaçadas pelos fundadores. Uma outra quase pegou. Para agradar à agremiação que emprestou a sede para o encontro, um dos participantes propôs Concórdia. Parecia, até o momento, a sugestão mais plausível. O problema, alguém observou, é que já havia um clube com esse nome. Até que, diz a lenda, Antônio de Araújo Cunha teve a inspiração: Santos Futebol Clube. Os aplausos intermináveis sacramentaram a escolha.

O PRIMEIRO JOGO

Santos 3 x 0 Santos Athletic Club

ESTÁDIO: Campo da Avenida Ana Costa (Santos)

DATA: 15/9/1912

SANTOS: Fauzel, Sidnei e Arantes; Hernâni, Oscar e Montenegro; Millon, Hugo, Nilo, Meilor e Arnaldo Silveira.

GOLS: Arnaldo Silveira (2) e Millon. O ponta-esquerda Arnaldo Silveira fez o primeiro gol da história do Santos (que hoje tem mais de 11.000).

A MASCOTE

O apelido do Santos, como é natural para um time praiano, é Peixe. Ele surgiu em 1933, na derrota por 1 a 0 para o São Paulo da Floresta. Nesse jogo, os torcedores do São Paulo chamaram os santistas de "peixeiros". "Somos peixeiros com muito orgulho", teria dito algum jogador do Santos. Depois disso, o "Peixe" passou a ser adotado como apelido oficial. Já a mascote é a baleia (que, a propósito, não é peixe).

O HINO OFICIAL*

Autor: Letra e música de Carlos Henrique Roma (1957)

Sou alvinegro da Vila Belmiro,
O Santos vive no meu coração,
É o motivo de todo o meu riso,
De minhas lágrimas e emoção.

Sua bandeira no mastro é a história
De um passado e um presente só de glórias.
Nascer, viver e no Santos morrer
É um orgulho que nem todos podem ter.

No Santos pratica-se o esporte
Com dignidade e com fervor,
Seja qual for a sua sorte,
De vencido ou vencedor.

Com técnica e disciplina,
Dando o sangue com amor,
Pela bandeira que ensina,
Lutar com fé e com ardor.

* A música *Leão do mar* ("Agora quem dá a bola é o Santos...") não é o hino oficial do Santos. Ela foi composta para comemorar o título paulista de 1955.

O ESCUDO

Criado em 1913, o primeiro escudo tinha dez listras verticais e uma coroa no alto. Nos anos 1930, ele foi substituído pelo distintivo que permanece até hoje: 11 listras verticais pretas e brancas, com uma bola no lado esquerdo do escudo.

O UNIFORME

PRINCIPAL: Todo branco.
RESERVA: Camisas com listras verticais pretas e brancas, calções e meias brancos.

AS ESTRELAS

As duas estrelas douradas foram incorporadas ao escudo depois do bicampeonato mundial de 1962 e 1963.

OS PATROCINADORES

1983: Casas Bahia
1984: Guarujá Veículos e Hermes Macedo
1985: Afonso Veículos e Neutrox
1986: Dankel e Kleenex
1987 e 1988: Suvinil
1989 a 1993: Coca-Cola
1994: Lousano
1995 a 1998: Unicór
1999: Duprat

2000: Alphaclub
2001: Seat, Samsung, Hudson e TAM
2002: Bombril e Círio
2003: Bombril, Círio e Varig
2004: Bombril e Hélios Carbex
2005: Panasonic
2006: Panasonic e Muriel

ESTÁDIO

NOME: Urbano Caldeira (Vila Belmiro)
CAPACIDADE: 22.000 pessoas
DATA DA INAUGURAÇÃO: 22/10/1916
JOGO: Santos 2 x 1 Ypiranga
PÚBLICO: 2.000 pagantes
SANTOS: Odorico, Arantes e Américo; Junqueira, Oscar e Pereira; Millon, Marba, Tedesco, Jarbas e Arnaldo.
YPIRANGA: Dionysio, Dario e Ferreira; Loschivo, Jacyntho e Peres II; Hugo, Ary, Bororó, Peres I e Formiga.
GOLS: Millon e Jarbas (Santos), Bororó (Ypiranga). O santista Millon marcou o primeiro gol da história da Vila Belmiro, aos 24 minutos do primeiro tempo.

Em 1915, o Santos enfrentava um dilema. Ou arranjava recursos para comprar um campo maior (o que estava sendo utilizado não tinha as dimensões oficiais), ou o time não poderia enfrentar em casa clubes de projeção. Naquele ano, diversos amistosos com agremiações estrangeiras, que chegavam via porto de Santos, foram cancelados por esse motivo.

Diante do problema, a diretoria resolveu investir todas as economias, fazer empréstimos na praça e sair à caça de um novo endereço. Em maio de 1916, o Santos comprou uma área de 16.500 metros quadrados, na Vila Belmiro, entre as ruas Abolição (hoje Princesa Isabel), Guarani (hoje José de Alencar), Tiradentes e Dom Pedro I. No dia 22 de outubro daquele ano o estádio seria inaugurado na vitória por 2 a 1 contra o Ypiranga.

Em 1933 ganhou o nome de Urbano Caldeira, ex-zagueiro e primeiro técnico do time. Caldeira foi um dos santistas mais emblemáticos de seu tempo. Não raro, era visto aparando o gramado do estádio.

Ao longo dos anos, muitas melhorias foram feitas, como a iluminação artificial introduzida na década de 1930. A mais importante reforma ocorreu em 1996, com a instalação de um moderno sistema de drenagem e irrigação controlado por computador. Paralelamente à reforma do gramado, foi construído o complemento de parte do anel da arquibancada. A inauguração dessas melhorias se deu no dia 20 de julho de 1997, na partida Santos 3 x 0 Goiás.

OS TÍTULOS MUNDIAIS E NACIONAIS

CAMPEONATO PAULISTA

1935

Time-base: Ciro, Neves e Agostinho; Ferreira, Marteletti e Jango; Saci, Pereira, Raul, Araken e Junqueirinha. Técnico: Bilu.

1955

Time-base: Manga, Hélvio e Feijó; Ramiro, Formiga e Urubatão; Tite, Negri, Álvaro, Del Vecchio e Pepe. Técnico: Lula.

1956

Time-base: Manga, Wilson e Feijó; Ramiro, Formiga e Zito; Tite, Pagão, Del Vecchio, Jair da Rosa Pinto e Pepe. Técnico: Lula.

1958

Time-base: Manga, Getúlio, Ramiro e Dalmo; Urubatão e Zito; Dorval, Jair da Rosa Pinto, Pagão, Pelé e Pepe. Técnico: Lula.

1960

Time-base: Laércio, Dalmo, Mauro e Zé Carlos; Calvet e Zito; Dorval, Mengálvio, Coutinho, Pelé e Pepe. Técnico: Lula.

1961

Time-base: Laércio, Lima, Mauro e Dalmo; Calvet e Zito; Dorval, Tite, Coutinho (Pagão), Pelé e Pepe. Técnico: Lula.

1962

Time-base: Laércio, Dalmo, Mauro e Zé Carlos; Calvet e Zito; Dorval, Lima, Coutinho, Pelé e Pepe. Técnico: Lula.

1964

Time-base: Gilmar, Ismael, Modesto, Haroldo e Lima; Zito e Mengálvio; Toninho Guerreiro (Dorval), Coutinho, Pelé e Pepe. Técnico: Lula.

1965

Time-base: Gilmar, Carlos Alberto, Mauro, Orlando e Geraldino; Lima e Mengálvio; Dorval (Toninho Guerreiro), Coutinho, Pelé e Pepe. Técnico: Lula.

1967

Time-base: Cláudio, Carlos Alberto, Ramos Delgado, Joel Camargo e Rildo; Clodoaldo e Lima (Buglê); Toninho Guerreiro, Wilson, Pelé e Edu. Técnico: Antoninho.

1968

Time-base: Cláudio, Carlos Alberto, Ramos Delgado, Joel Camargo e Rildo; Clodoaldo e Lima; Toninho Guerreiro, Douglas, Pelé e Edu. Técnico: Antoninho.

1969

Time-base: Cláudio, Carlos Alberto, Ramos Delgado, Djalma Dias e Rildo; Clodoaldo e Negreiros; Toninho Guerreiro, Edu, Pelé e Abel. Técnico: Antoninho.

1973

Time-base: Cejas, Zé Carlos, Carlos Alberto, Vicente e Turcão; Clodoaldo e Léo; Jair da Costa (Brecha), Eusébio, Pelé e Edu. Técnico: Pepe.

1978

Time-base: Flávio, Nélson, Antônio Carlos, Neto e Gilberto; Zé Carlos, Toninho Vieira (Rubens Feijão) e Pita; Nílton Batata, Juary e Claudinho. Técnico: Formiga.

1984

Time-base: Rodolfo Rodríguez, Chiquinho, Márcio, Toninho Carlos e Toninho Oliveira; Dema, Paulo Isidoro e Humberto; Lino, Serginho e Zé Sérgio. Técnico: Castilho.

2006

Time-base: Fábio Costa, Fabinho, Ronaldo Guiaro, Luiz Alberto e Kleber; Maldonado, Wendel, Cléber Santana e Léo Lima (Rodrigo Tabata); Reinaldo e Geílson. Técnico: Vanderlei Luxemburgo.

TORNEIO RIO-SÃO PAULO

1959

Time-base: Laércio, Ramiro, Getúlio, Álvaro e Mourão; Zito e Jair da Rosa Pinto; Dorval, Coutinho (Pagão), Pelé e Pepe. Técnico: Lula.

1963

Time-base: Gilmar, Lima e Mauro; Zito, Calvet e Dalmo; Dorval, Mengálvio, Coutinho (Tite), Pelé e Pepe. Técnico: Lula.

1964

Time-base: Gilmar, Lima e Mauro; Zito, Calvet e Dalmo; Dorval, Mengálvio, Coutinho, Pelé e Pepe. Técnico: Lula.

1966

Time-base: Laércio, Carlos Alberto, Haroldo (Joel), Oberdan e Zé Carlos; Zito e Mengálvio; Dorval, Coutinho, Pelé e Edu (Toninho Guerreiro). Técnico: Lula.

1997

Time-base: Zetti, Anderson (Baiano), Sandro, Ronaldão e Rogério Seves; Marcos Assunção, Vágner, Alexandre (Caíco) e Piá (Juari); Macedo e Alessandro. Técnico: Vanderlei Luxemburgo.

TAÇA BRASIL

1961

Time-base: Laércio, Lima, Mauro (Olavo), Calvet e Dalmo; Zito e Mengálvio; Dorval, Coutinho, Pelé e Pepe. Técnico: Lula.

1962

Time-base: Gilmar, Lima, Mauro, Calvet e Dalmo; Zito e Mengálvio; Dorval, Coutinho (Tite), Pelé e Pepe. Técnico: Lula.

1963

Time-base: Gilmar, Ismael (Joel), Mauro, Calvet (Haroldo) e Geraldino; Zito e Mengálvio; Dorval, Coutinho, Pelé e Pepe. Técnico: Lula.

1964

Time-base: Gilmar, Ismael, Modesto, Haroldo e Geraldino; Zito e Mengálvio; Toninho Guerreiro (Lima), Coutinho (Tite), Pelé e Pepe. Técnico: Lula.

1965

Time-base: Gilmar, Carlos Alberto, Mauro, Orlando e Geraldino; Zito (Lima) e Mengálvio; Dorval, Coutinho, Pelé e Pepe (Abel). Técnico: Lula.

MUNDIAL INTERCLUBES

1962

Time-base: Gilmar, Olavo, Mauro e Dalmo; Calvet e Zito; Dorval, Lima (Mengálvio), Coutinho, Pelé e Pepe. Técnico: Lula.

1963

Time-base: Gilmar, Ismael, Mauro e Dalmo; Haroldo e Lima; Dorval, Mengálvio, Coutinho, Pelé (Almir) e Pepe. Técnico: Lula.

LIBERTADORES

1962

Time-base: Gilmar, Mauro, Calvet e Lima; Dalmo e Zito; Mengálvio, Dorval, Coutinho, Pelé e Pepe. Técnico: Lula.

1963

Time-base: Gilmar, Mauro, Geraldino e Dalmo; Zito e Calvet; Dorval, Lima (Mengálvio), Coutinho, Pelé e Pepe. Técnico: Lula.

RECOPA MUNDIAL

1968
Time-base: Cláudio (Laércio), Carlos Alberto, Ramos Delgado, Djalma Dias e Rildo; Clodoaldo e Negreiros; Toninho Guerreiro, Edu, Pelé e Abel. Técnico: Antoninho.

TORNEIO ROBERTO GOMES PEDROSA

1968
Time-base: Cláudio (Laércio), Carlos Alberto, Ramos Delgado, Marçal e Rildo; Clodoaldo e Lima; Edu, Toninho Guerreiro (Douglas), Pelé e Abel (Pepe). Técnico: Antoninho.

RECOPA SUL-AMERICANA

1968
Time-base: Cláudio, Carlos Alberto, Ramos Delgado, Joel e Rildo; Clodoaldo (Mengálvio) e Negreiros; Manoel Maria, Toninho Guerreiro, Pelé e Abel. Técnico: Antoninho.

CONMEBOL

1998
Time-base: Zetti, Anderson, Argel, Claudiomiro (Jean) e Athirson; Marcos Basílio, Narciso, Jorginho (Eduardo Marques) e Lúcio; Alessandro (Adiel) e Viola. Técnico: Émerson Leão.

CAMPEONATO BRASILEIRO

2002

Time-base: Fábio Costa, Maurinho (Michel), André Luís (Preto), Alex e Léo; Paulo Almeida, Renato, Elano e Diego (Robert); Robinho e Alberto (William). Técnico: Émerson Leão.

2004

Time-base: Mauro, Paulo César, André Luís, Ávalos e Léo; Fabinho, Preto Casagrande (Bóvio), Elano e Ricardinho; Robinho e Deivid (Basílio). Técnico: Vanderlei Luxemburgo.

OS 10 MAIS

OS JOGOS INESQUECÍVEIS

SANTOS 7 X 6 PALMEIRAS

DATA: 6/3/1958
LOCAL: Pacaembu
JUIZ: João Etzel
PÚBLICO: não há registro

SANTOS: Manga, Hélvio (Urubatão) e Dalmo; Fiotti, Ramiro e Zito; Dorval, Jair, Pagão (Afonsinho), Pelé e Pepe. Técnico: Lula.

PALMEIRAS: Edgard (Vítor), Édson e Dema; Waldemar Carabina, Waldemar Fiúme e Formiga (Maurinho); Paulinho, Nardo (Caraballo), Mazzola, Ivan e Urias. Técnico: Oswaldo Brandão.

GOLS: Pelé, Pepe (3), Pagão (2) e Dorval para o Santos. Urias, Nardo, Paulinho, Mazzola (2) e Ivan para o Palmeiras.

Para aquele Santos magistral do final dos anos 1950 e início dos 1960, não havia nada demais em vencer um clássico. Afinal, isso era rotina. Mas este jogo foi especial. No primeiro tempo, 5 a 2 para o Santos e a certeza de que uma goleada fantástica viria. Mas o Palmeiras de Mazzola endureceu e virou para 6 a 5. A poucos minutos do final da partida, Pepe marcou dois gols não habituais em sua carreira: um com a perna direita e outro de cabeça, sacramentando a vitória santista.

SANTOS 12 X 1 PONTE PRETA

DATA: 19/11/1959
LOCAL: Vila Belmiro
JUIZ: Telêmaco Pompeu
PÚBLICO: não há registro

SANTOS: Manga, Pavão e Mourão; Dalmo, Formiga e Zito; Dorval, Jair, Coutinho, Agnaldo e Pepe. Técnico: Lula

PONTE PRETA: Valter, Derém, Mingão e Brade; Pitico e Wilze; Nivaldo, Paulinho, Célio, Jansen e Dinho. Técnico: Carlito Roberto.

GOLS: Coutinho (5), Pepe (5) e Agnaldo (2) para o Santos; Célio para a Ponte Preta.

O Santos já tinha realizado goleadas espetaculares no Campeonato Paulista de 1959: 8 a 0 no América, 8 a 2 no XV de Jaú e 7 a 0 no Palmeiras. Mas esta entrou para a história por duas razões. A primeira delas era a ausência de Pelé, que estava na seleção do Exército. O segundo motivo é que, mesmo sem o "Rei", tornou-se a maior goleada aplicada pelo time mais ofensivo de todos os tempos (repetindo o placar da vitória por 12 a 1 contra o Ypiranga, em 1927). Coutinho e Pepe marcaram cinco gols cada um e Agnaldo completou o placar.

SANTOS 3 X 0 PEÑAROL

DATA: 30/8/1962
LOCAL: Monumental de Nuñez (Buenos Aires)
JUIZ: Leon Horn (Holanda)
PÚBLICO: 60.000 pagantes

SANTOS: Gilmar, Mauro, Calvet e Lima; Dalmo e Zito; Mengálvio, Dorval, Coutinho, Pelé e Pepe. Técnico: Lula.

PEÑAROL: Maidana, Lezcano, Cano e Caetano; Gonçalves e González; Pedro Rocha, Spencer, Sacia, Matosas e Joya.

GOLS: Caetano (contra) e Pelé (2).

O primeiro grande título internacional do Santos veio depois de muita polêmica. Na final da Copa Libertadores, o Santos perdia por 3 a 2 para o Peñarol, do Uruguai, quando alguns cartolas do time brasileiro invadiram o campo para protestar contra a arbitragem do chileno Carlos Robles. A partida foi encerrada aos 6 minutos do segundo tempo, mas foi reiniciada, segundo o juiz, por pressão dos dirigentes santistas. O Santos chegou a empatar, mas o juiz relatou, no dia seguinte, que o jogo havia terminado mesmo 3 a 2.

> "O Santos dos anos 1960 jogava como um predador sanguinário. Não bastava derrotar o adversário. Era preciso dilacerá-lo."
>
> Eusébio, maior jogador da história do futebol português.

SANTOS 5 X 2 BENFICA

DATA: 11/10/1962
LOCAL: Estádio da Luz (Lisboa)
JUIZ: Pierre Schwinte (França)
PÚBLICO: 75.000 pagantes

BENFICA: Costa Pereira, Jacinto, Raul e Humberto; Cruz e Cavem; Coluna, Augusto, Santana, Eusébio e Simões. Técnico: Fernando Riera.

SANTOS: Gilmar, Olavo, Mauro e Dalmo; Calvet e Zito; Dorval, Lima, Coutinho, Pelé e Pepe. Técnico: Lula.

GOLS: Pelé (3) e Coutinho (2) para o Santos; Eusébio e Santana para o Benfica.

Para muitos, esta foi a maior partida realizada por Pelé com a camisa do Santos. O Peixe havia vencido por 3 a 2 o primeiro jogo da final do Mundial Interclubes no Maracanã. O resultado apertado motivou os portugueses, que tinham no elenco craques como Eusébio. Mas o Santos fez a melhor partida de sua história naquele dia. Pelé estava especialmente endiabrado. Marcou três (golaços, por sinal) dos cinco gols do Santos. Depois do jogo, o próprio Eusébio rendeu-se à superioridade do Santos e do "Rei do Futebol", chamando-os de predadores sanguinários.

SANTOS 5 X 0 BOTAFOGO

DATA: 2/4/1963
LOCAL: Maracanã
JUIZ: Eunápio Queiroz
PÚBLICO: não há registro

BOTAFOGO: Manga, Rildo (Joel) e Zé Maria; Aírton, Nílton Santos e Ivan (Jadir); Garrincha, Edson, Quarentinha, Amarildo e Zagallo (Jair). Técnico: Marinho.

SANTOS: Gilmar, Lima e Mauro; Zito, Calvet e Dalmo; Dorval, Mengálvio, Coutinho (Tite), Pelé e Pepe. Técnico: Lula.

GOLS: Dorval, Pepe, Coutinho e Pelé (2).

O tira-teima entre as duas maiores equipes do Brasil de todos os tempos valia o título da Taça Brasil, o equivalente da época ao Campeonato Brasileiro. O Botafogo tinha monstros-sagrados como Nílton Santos e Garrincha, e craques como Quarentinha, Amarildo e Zagallo. Mas o maior de todos estava do outro lado: Pelé liderou a goleada que a imprensa carioca chamou de a maior exibição de um time na história do Maracanã.

> “Como se soletra Pelé?
> Com as letras D-E-U-S.”

Diálogo imaginário publicado pelo jornal *The Sunday Times*, da Inglaterra.

SANTOS 2 X 1 BOCA JUNIORS

DATA: 11/9/1963
LOCAL: Estádio La Bombonera (Buenos Aires)
JUIZ: Marcel Dubois (França)
PÚBLICO: 50.000 pagantes

BOCA JUNIORS: Errea, Magdalena, Orlando e Simeone; Rattín e Silveyra; Grillo, Rojas, Menéndez, Sanfilippo e González.

SANTOS: Gilmar, Mauro, Geraldino e Dalmo; Zito e Calvet; Dorval, Lima, Coutinho, Pelé e Pepe. Técnico: Lula.

GOLS: Sanfilippo para o Boca Juniors; Coutinho e Pelé para o Santos.

Para ganhar uma final de Libertadores do Boca Juniors em plena La Bombonera, numa época em que a torcida e os jogadores eram ainda mais violentos, não bastava ter craques. Era preciso jogar com fibra e coragem. Além de muito futebol (Pelé e Coutinho estavam especialmente inspirados), o Santos provou que não tinha medo. E conquistou o bicampeonato sul-americano com direito a gol de Pelé a 8 minutos do final da partida. Durante mais de 20 anos, essa foi a única derrota doméstica do Boca Juniors no torneio continental.

SANTOS 1 X 0 MILAN

DATA: 16/1/1963
LOCAL: Maracanã
JUIZ: Juan Regis Brozzi (Argentina)
PÚBLICO: 110.000 pagantes

SANTOS: Gilmar, Ismael, Mauro e Dalmo; Haroldo e Lima; Dorval, Mengálvio, Coutinho, Almir e Pepe. Técnico: Lula.

MILAN: Balzarini (Barlucci), David, Maldini e Trebbi; Belagalli e Trapattoni; Mora, Lodetti; Mazzola, Fortunato e Amarildo. Técnico: Nereo Rocco.

GOL: Dalmo.

O Milan dos craques italianos Maldini e Trapattoni e dos brasileiros Mazzola e Amarildo tinha vencido recentemente a Seleção Brasileira bicampeã mundial por 3 a 0. Para piorar, na primeira partida da decisão, realizada na Itália, um convincente 4 a 2 para o Milan. No jogo de volta, sem Pelé, que estava machucado, e com uma vantagem de 2 a 0 para os italianos em pleno Maracanã, parecia que o sonho do bi mundial não se realizaria. Na ausência do "Rei", foi Pepe quem brilhou, marcando dois dos quatro gols que garantiram a virada espetacular do Santos. Uma nova partida foi marcada dois dias depois. Pelé continuava fora. Desta vez, um jogo truncado e nervoso. Aos 29 minutos do segundo tempo, Almir sofreu pênalti de Maldini e o frio Dalmo converteu um dos gols mais comemorados da história santista.

SANTOS 1 X 0 CORINTHIANS

DATA: 3/12/1984
LOCAL: Morumbi
JUIZ: José de Assis Aragão
PÚBLICO: 101.000 pagantes

SANTOS: Rodolfo Rodríguez, Chiquinho, Márcio, Toninho Carlos e Toninho Oliveira (Gilberto); Dema, Paulo Isidoro e Humberto; Lino, Serginho e Zé Sérgio (Mário Sérgio). Técnico: Castilho.

CORINTHIANS: Carlos, Édson, Juninho, Vágner e Wladimir; Dunga, Zenon e Arturzinho (Paulo César); Biro-Biro, Lima e João Paulo. Técnico: Jair Picerni.

GOL: Serginho.

Bastava um empate para o Santos conquistar o Campeonato Paulista. O Corinthians vinha do bi estadual e possuía um time mais afinado. O centroavante Serginho, que já tinha perdido uma final do Paulistão para o Corinthians, fez aos 28 minutos do segundo tempo o gol que lavou sua alma e a do Peixe.

> "Marcar 1.000 gols como Pelé não é tão difícil. Marcar um gol como Pelé é."
>
> Carlos Drummond de Andrade, poeta.

SANTOS 5 X 2 FLUMINENSE

DATA: 10/12/1995
LOCAL: Pacaembu
JUIZ: Sidrack Marinho dos Santos
PÚBLICO: 28.000 pagantes

SANTOS: Edinho, Marquinhos Capixaba, Ronaldão, Narciso e Marcos Adriano; Gallo, Carlinhos, Giovanni e Marcelo Passos; Camanducaia e Macedo (Marcos Paulo). Técnico: Cabralzinho.

FLUMINENSE: Wellerson, Ronaldo, Lima, Alê e Cássio; Otacílio, Vampeta, Aílton e Rogerinho; Renato e Valdeir (Leonardo). Técnico: Joel Santana.

GOLS: Giovanni (2), Macedo, Camanducaia e Marcelo Passos para o Santos; Rogerinho (2) para o Fluminense.

O Santos precisava vencer por três gols de diferença para ir à final do Campeonato Brasileiro de 1995. O que se viu em campo foi uma das maiores atuações de um jogador com a camisa do Santos desde Pelé. Com os cabelos pintados de vermelho, um obstinado Giovanni fez mágica: dois gols e passes soberbos, como o de calcanhar que deixou Marcelo Passos na cara do gol. Nesta partida, uma idéia do técnico Cabralzinho emocionou a todos. Ele pediu aos jogadores que não descessem para o vestiário no intervalo. Permaneceram no gramado, ao lado da torcida. Uma cena inesquecível.

SANTOS 3 X 2 CORINTHIANS

DATA: 15/12/2002
LOCAL: Morumbi
JUIZ: Carlos Eugênio Simon
PÚBLICO: 74.000 pagantes

CORINTHIANS: Doni, Rogério, Fábio Luciano, Anderson e Kleber; Fabinho (Fabrício), Vampeta e Renato (Marcinho); Deivid, Guilherme (Leandro) e Gil. Técnico: Carlos Alberto Parreira.

SANTOS: Fábio Costa, Maurinho, André Luís, Alex e Léo; Paulo Almeida, Renato, Elano e Diego (Robert e depois Michel); Robinho e William (Alexandre). Técnico: Émerson Leão.

GOLS: Robinho, Elano e Léo para o Santos; Deivid e Anderson para o Corinthians.

A cena foi repetida diversas vezes durante muitos dias em todos os canais de televisão: Robinho dá uma, duas, oito pedaladas até sofrer o pênalti de Rogério. A imagem é emblemática: um garoto de 18 anos, brilhante e ousado, é o herói do primeiro título brasileiro do Santos. Na decisão, outro moleque, o talentoso Diego, sai contundido aos 3 minutos de jogo. Enquanto é retirado de maca, ele ouve a promessa de Robinho de que aquele título ninguém tirava do Peixe. Parecia que não até os 39 minutos do segundo tempo, quando o Corinthians virou a partida. Mas em um contra-ataque, Elano (outro jovem talento de 21 anos) empata o jogo, o suficiente para o Santos ser campeão. Um time tão espetacular merecia a vitória, que veio com um gol de Léo no último minuto.

AS MAIORES VITÓRIAS

1. SANTOS 12 X 1 YPIRANGA
3/5/1927, Amistoso

2. SANTOS 12 X 1 PONTE PRETA
19/11/1959, Campeonato Paulista

3. SANTOS 11 X 0 BOTAFOGO-SP
21/11/1964, Campeonato Paulista

4. SANTOS 11 X 2 BARRA FUNDA
5/6/1927, Campeonato Paulista

5. SANTOS 11 X 3 AUTOAUDAX
3/7/1927, Campeonato Paulista

6. SANTOS 10 X 0 PORTUGUESA
10/9/1928, Campeonato Paulista

7. SANTOS 10 X 0 NACIONAL
11/9/1958, Campeonato Paulista

8. SANTOS 10 X 1 GUARANI
21/8/1927, Campeonato Paulista

9. SANTOS 10 X 1 JUVENTUS
6/9/1961, Campeonato Paulista

10. SANTOS 10 X 1 ROYAL BEERCCHOT (BÉLGICA)
31/5/1960, Amistoso Internacional

AS MAIORES DERROTAS

1. CORINTHIANS 11 X 0 SANTOS
11/7/1920, Campeonato Paulista

2. SÃO PAULO 9 X 1 SANTOS
18/6/1944, Campeonato Paulista

3. BOTAFOGO-RJ 9 X 2 SANTOS
3/8/1935, Amistoso

4. PALESTRA ITÁLIA 8 X 0 SANTOS
11/12/1932, Campeonato Paulista

5. PORTUGUESA 8 X 0 SANTOS
13/11/1955, Campeonato Paulista

6. GERMÂNIA 8 X 1 SANTOS
1/6/1913, Campeonato Paulista

7. ASSOCIAÇÃO ATLÉTICA PALMEIRAS 8 X 1 SANTOS
7/12/1919, Campeonato Paulista

8. YPIRANGA 7 X 0 SANTOS
18/7/1920, Campeonato Paulista

9. PAULISTANO 7 X 0 SANTOS
4/9/1921, Campeonato Paulista

10. CORINTHIANS 7 X 0 SANTOS
1/6/1941, Campeonato Paulista

OS GOLS INESQUECÍVEIS

1 – Santos 5 x 1 Botafogo-SP. Paulistão de 1968, na Vila Belmiro. Kaneko deu uma carretilha em Carlucci e tocou a bola para Toninho Guerreiro, que marcou um gol de letra.

2 – Santos 4 x 2 Rio Branco-SP. Paulistão de 1996, na Vila Belmiro. Robert correu com a bola desde o campo de defesa, driblou dois adversários – incluindo o goleiro – e concluiu.

3 – Santos 1 x 0 Rosario Central. Primeira partida final da Copa Conmebol de 1998, na Vila Belmiro. O gol de Claudiomiro garantiu o título, já que, na Argentina, houve um empate em 0 a 0.

4 – Santos 2 x 1 Taubaté. No dia 15 de janeiro de 1956, o Santos quebra um jejum de 20 anos e conquista o Campeonato Paulista de 1955. Na partida decisiva, na Vila Belmiro, o ponta-esquerda Pepe fez o gol da vitória e do título estadual.

5 – Santos 2 x 1 Vasco. Torneio Roberto Gomes Pedrosa de 1969, no Maracanã. Cobrando pênalti, Pelé marcou o milésimo gol de sua carreira.

6 – Santos 1 x 0 Palmeiras. Brasileirão de 1993, no Parque Antarctica. Guga marcou, de cabeça, e fez com que o Palmeiras perdesse uma invencibilidade de 16 jogos em seu estádio.

7 – Santos 4 x 2 Corinthians. Brasileirão de 2002, no Pacaembu. O zagueiro Anderson, do Corinthians, cabeceou a bola e Alberto deu uma bicicleta, fazendo um golaço.

---

8 – Santos 4 x 1 Flamengo. Brasileirão de 1998, na Vila Belmiro. Eduardo Marques marcou um gol olímpico. Depois da cobrança, realizada do lado esquerdo, o flamenguista Jamir não acertou a bola e atrapalhou o goleiro Clemer.

---

9 – Santos 3 x 1 Bahia. Brasileirão de 1997, na Vila Belmiro. O lateral-esquerdo Dutra marcou o último gol da partida, a uma distância de mais de 50 metros, e recebeu uma placa da diretoria do clube.

---

10 – Santos 3 x 2 Corinthians. Na decisão do Brasileirão de 2002, o Santos ficou com o inédito título nacional ao vencer o Corinthians pela segunda vez (o primeiro jogo terminou 2 a 0), no Morumbi. Robinho, Elano e Léo marcaram os gols do Peixe na vitória de virada.

OS FATOS INESQUECÍVEIS

1 – No dia em que o São Paulo completou 26 anos, o Santos o enfrentou e venceu a partida por 4 a 1.

2 – Na primeira Copa do Mundo conquistada pela Seleção Brasileira, em 1958, três jogadores do Santos faziam parte da delegação nacional: Zito, Pelé e Pepe.

3 – Uma seqüência de 17 partidas invictas foi conquistada pelo Santos no Brasileirão de 1983, quando a equipe chegou à final.

4 – Em 1927, o ataque do Santos alcançou pela primeira vez em todos os Campeonatos Paulistas disputados a marca de 100 gols numa única edição de torneio. Contudo, no ano de 1959, o recorde foi batido: 151 bolas nas redes adversárias, recorde que dura até hoje.

5 – O Corinthians foi o campeão paulista de 1954, mas o Santos foi o único a derrotá-lo. Duas vezes, aliás.

6 – No Campeonato Paulista de 1958, Pelé marcou 58 vezes em 37 jogos e estabeleceu um recorde que perdura até hoje. Ninguém fez tantos gols num só campeonato.

7 – Em 1927, o Santos participou do jogo inaugural do Estádio São Januário, no Rio de Janeiro, e venceu o Vasco por 5 a 2.

8 – Após a expulsão do goleiro Gilmar, na segunda partida semifinal da Taça Brasil de 1963, contra o Grêmio, Pelé teve que ocupar o lugar do companheiro, pois a equipe não poderia mais fazer substituições. Nos cinco minutos em que esteve em campo, o "Rei" conseguiu segurar o resultado de 4 a 3 e colaborou para o Santos chegar à decisão.

---

9 – Depois de 23 anos de existência, o Santos conquistou o seu primeiro Campeonato Paulista, em 1935. Em sua última partida, o time derrotou o Corinthians, no Parque São Jorge, por 2 a 0, quebrando o longo jejum. Raul e Araken marcaram os históricos gols santistas.

---

10 – Logo em seu segundo Campeonato Paulista disputado, em 1917, o Santos teve o melhor ataque daquela edição: 44 gols marcados.

"O Santos não é como os outros.
Qualquer time é um conjunto, que inclui o goleiro,
a zaga, os médios e os cinco dianteiros. No Santos,
não. No Santos tudo é ataque e só ataque."

Nelson Rodrigues, em crônica publicada após a vitória
do Santos por 3 a 0 contra o Vasco, pelo Torneio
Rio-São Paulo de 1959.

OS FATOS PARA ESQUECER

1 – Na partida contra o América-RN, no Brasileirão de 1998, Narciso perdeu dois pênaltis e o Santos saiu de campo apenas com um empate: 2 a 2.

2 – Na segunda partida semifinal do Paulistão de 2001, o Santos precisava apenas do empate contra o Corinthians para se classificar para a decisão. Mas o gol de Ricardinho, aos 47 minutos da segunda etapa, deu a vitória ao Corinthians por 2 a 1.

3 – Em 1985, o Santos perdeu Serginho Chulapa para o Corinthians. No ano anterior, na última rodada do Paulistão, o atacante havia marcado o gol da vitória contra o próprio Corinthians, garantindo o título.

4 – No Paulistão de 1996, o Palmeiras venceu o Santos por 6 a 0 na Vila Belmiro e sagrou-se campeão.

5 – No clássico contra o São Paulo, disputado em dezembro de 1956 na Vila Belmiro, o atacante santista Vasconcelos quebrou a perna numa dividida com Mauro.

6 – Parte da arquibancada da Vila Belmiro caiu, nos primeiros minutos do jogo entre Santos e Corinthians, em 20 de setembro de 1964. Mais de 100 pessoas se machucaram. A partida foi suspensa e, dez dias depois, foi iniciada novamente. O placar foi de 1 a 1.

7 – Na primeira partida final da Taça Brasil de 1966, o Santos perdeu por 6 a 2 para o Cruzeiro. Na volta, no Pacaembu, a equipe vencia por 2 a 0 até os 19 minutos da segunda etapa, quando começou a sofrer a virada por 3 a 2.

---

8 – Em outubro de 1981, caso o Santos perdesse para o São Paulo, o volante Chicão deveria tirar o bigode, como conseqüência de uma aposta com o rival Serginho. O tricolor venceu por 3 a 2.

---

9 – Na Copa do Brasil de 1999 o Santos deu vexame. Após ter vencido o Goiás por 2 a 1 na segunda fase, fora de casa, um empate lhe bastava para se classificar. No entanto, na Vila Belmiro, o adversário surpreendeu e avançou na competição, ganhando por 4 a 3. Aos 45 minutos do segundo tempo, Araújo marcou o último gol do jogo, que entristeceu a torcida local.

---

10 – No primeiro jogo contra o Bahia em 1960, o Santos perdeu por 3 a 2 na Vila Belmiro. Na segunda partida, na Fonte Nova, o Santos deu o troco e venceu por 2 a 0. Houve necessidade de um jogo de desempate, disputado em campo neutro, no Maracanã. Em março de 1960, o Bahia venceu por 3 a 1 e sagrou-se campeão do primeiro torneio nacional do país.

“Pagão era melhor do que eu.”

Coutinho, em entrevista à revista *Placar*,
reverenciando outro ídolo da história santista.

A HISTÓRIA NOS CLÁSSICOS

CONTRA O SÃO PAULO

269 jogos

84 vitórias do Santos

65 empates

120 vitórias do São Paulo

376 gols do Santos

463 gols do São Paulo

Primeiro jogo:
Santos 2 x 2 SãoPaulo da Floresta, 29/3/1931

Primeira vitória do Santos:
Santos 4 x 0 São Paulo, 4/11/1936

Maior marcador a favor:
Santos 6 x 2 São Paulo, 7/3/1963

Maior marcador contra:
São Paulo 9 x 1 Santos, 18/6/1944

- Em todas as edições da Taça de Prata (1967, 1968, 1969 e 1970) o Santos terminou na frente do São Paulo.
- Na única vez em que se enfrentaram na Copa Sul-Americana (2004), o Santos eliminou o São Paulo.
- Santos e São Paulo disputaram oito jogos na Copa Conmebol cada um, mas o Peixe tem mais vitórias: quatro contra três.

- As cinco primeiras partidas entre Santos e São Paulo (a partir de quando o rival passou a se chamar São Paulo Futebol Clube) foram vencidas pelo Peixe.
- Considerando todos os títulos de Libertadores faturados pelas duas equipes, somente o Santos pode dizer que chegou ao título de maneira invicta (1963).

CONTRA O CORINTHIANS

283 jogos

89 vitórias do Santos

79 empates

115 vitórias do Corinthians

447 gols do Santos

529 gols do Corinthians

Primeiro jogo:
Santos 6 x 3 Corinthians, 22/6/1913

Maior marcador a favor:
Santos 7 x 1 Corinthians, 8/5/1932

Maior marcador contra:
Corinthians 11 x 0 Santos, 11/7/1920

- Robinho enfrentou o Corinthians dez vezes e nunca perdeu. Foram nove vitórias, um empate e cinco gols sobre o rival.

- Na única vez em que Santos e Corinthians decidiram o Brasileirão (2002), o Peixe foi o campeão.
- O Corinthians não conseguiu vencer o Santos nas últimas cinco partidas do Torneio Rio-São Paulo. Foram três derrotas e dois empates.
- Nos Brasileirões de 1983, 1991, 1993 e 1998, o Santos teve o artilheiro da competição. Já o seu rival nunca passou por essa experiência.
- O Santos conquistou a Copa Conmebol de 1998. Em 1994, o Corinthians conseguiu seu máximo na história dessa competição, que foi chegar à semifinal.

CONTRA O PALMEIRAS

288 jogos

90 vitórias do Santos

74 empates

124 vitórias do Palmeiras

414 gols do Santos

500 gols do Palmeiras

Primeiro jogo:
Santos 7 x 0 Palestra Itália, 3/10/1915

Maior marcador a favor:
Santos 7 x 0 Palestra Itália, 3/10/1915

Maior marcador contra:
Palesta Itália 8 x 0 Santos, 11/12/1932

- A primeira vitória do Palmeiras contra o Santos em Campeonatos Brasileiros só foi ocorrer na 11ª partida. Antes, o time da Vila havia ganho cinco e empatado outras cinco.
- Em duas edições da Taça Brasil (1964 e 1965), Santos e Palmeiras se enfrentaram na semifinal. Nas duas deu Peixe.
- O Palmeiras faturou seus dois últimos títulos brasileiros em 1993 e 1994. Depois disso, o Santos foi campeão da competição em duas edições: 2002 e 2004.
- Na história da Copa Conmebol, o Santos jamais foi eliminado na primeira fase. O Palmeiras fez essa "proeza" em 1996.
- O Santos teve o artilheiro da Taça Brasil em cinco edições (1961, 1962, 1963, 1964 e 1966). Já o Palmeiras nunca teve um atleta que atingisse esse feito.

"Chegarei de surpresa dia 15,
às duas da tarde, no vôo 619 da Varig."

Mengálvio, ex-meia do Santos, em
telegrama enviado à família durante
excursão à Europa.

CAMPANHAS NA COPA DO BRASIL

ANO	COLOCAÇÃO	J	V	E	D	GP	GC
2006	Quartas-de-final	7	3	4	0	11	5
2005	Não disputou						
2004	Não disputou						
2003	Não disputou						
2002	Eliminado na segunda rodada	4	1	2	1	7	6
2001	Eliminado na segunda rodada	4	2	0	2	7	6
2000	Semifinais	9	6	2	1	21	8
1999	Eliminado na segunda rodada	4	3	0	1	12	5
1998	Semifinais	9	5	4	0	24	15
1997	Quartas-de-final	6	4	1	1	12	6
1996	Eliminado na primeira rodada	2	0	1	1	2	4
1995	Não disputou						
1994	Não disputou						
1993	Não disputou						
1992	Não disputou						
1991	Não disputou						
1990	Não disputou						
1989	Não disputou						

CAMPANHAS NO CAMPEONATO BRASILEIRO

ANO	COLOCAÇÃO	J	V	E	D	GP	GC
2006	4°	38	18	10	10	58	36
2005	10°	42	16	11	15	68	71
2004	1°	46	27	8	11	103	58
2003	2°	46	25	12	9	93	60
2002	1°	31	16	6	9	59	41
2001	15°	27	9	9	9	37	32
2000	18°	24	9	6	9	38	31
1999	11°	21	8	6	7	25	26
1998	3°	29	14	9	6	55	37
1997	7°	31	14	6	11	48	43
1996	20°	23	7	6	10	26	31
1995	2°	27	15	5	7	52	40
1994	9°	25	13	5	7	36	22
1993	5°	20	9	7	4	35	26
1992	7°	25	8	10	7	30	27
1991	8°	19	7	5	7	23	20
1990	7°	21	7	9	5	20	15
1989	12°	18	5	6	7	13	16
1988	17°	23	7	7	9	19	25
1987	15°	15	2	7	6	7	17
1986	19°	26	9	11	6	25	16
1985	26°	20	7	6	7	23	25
1984	9°	20	11	6	3	39	16
1983	2°	26	13	10	3	45	28
1982	7°	18	9	5	4	27	16
1981	9°	17	8	6	3	27	12
1980	7°	18	11	3	4	29	12

1979	Não disputou						
1978	23º	26	7	10	9	32	25
1977	21º	18	5	6	7	21	22
1976	21º	13	6	5	2	14	10
1975	26º	16	6	4	6	20	18
1974	3º	27	13	8	6	41	25
1973	6º	37	17	12	8	56	29
1972	8º	28	12	9	7	34	22
1971	9º	25	9	9	7	24	16

CAMPANHAS NO CAMPEONATO PAULISTA

ANO	COLOCAÇÃO	J	V	E	D	GP	GC
2006	1º	19	14	1	4	33	19
2005	3º	19	10	7	2	38	21
2004	3º	13	8	3	2	31	20
2003	9º	6	3	1	2	12	9
2002	Não disputou						
2001	4º	17	9	6	2	39	27
2000	2º	20	9	7	4	33	25
1999	4º	18	10	4	4	40	22
1998	6º	10	4	2	4	23	14
1997	3º	26	14	7	5	52	28
1996	5º	30	16	3	11	69	54
1995	6º	36	14	13	9	59	44
1994	4º	30	11	12	7	37	34
1993	4º	36	18	8	10	65	56
1992	8º	32	11	12	9	44	35

1991	13º	26	7	13	6	21	15
1990	5º	35	12	16	7	29	25
1989	7º	25	7	14	4	20	16
1988	6º	25	10	8	7	25	21
1987	3º	40	16	17	7	49	32
1986	4º	40	15	8	17	44	48
1985	6º	38	14	12	12	35	34
1984	1º	38	22	13	3	54	19
1983	3º	46	20	18	8	64	40
1982	10º	38	10	17	11	37	35
1981	4º	50	18	15	17	68	53
1980	2º	44	20	16	8	58	46
1979	5º	43	16	16	11	54	44
1978	1º	56	26	15	15	67	48
1977	8º	43	17	12	14	47	43
1976	12º	17	6	5	6	15	16
1975	5º	32	15	6	11	42	30
1974	3º	26	12	11	3	35	22
1973	1º	23	12	8	3	31	11
1972	3º	22	14	1	7	31	21
1971	4º	22	10	8	4	29	23
1970	4º	18	8	5	5	34	21
1969	1º	29	18	5	6	63	31
1968	1º	26	22	1	3	71	22
1967	1º	27	17	9	1	63	33
1966	3º	28	16	6	6	70	42
1965	1º	30	25	3	2	93	28
1964	1º	30	20	4	6	95	47
1963	3º	30	14	8	8	69	52

1962	1º	30	23	5	2	102	31
1961	1º	30	25	3	2	113	33
1960	1º	34	22	6	6	100	44
1959	2º	38	30	3	5	151	53
1958	1º	38	29	6	3	143	40
1957	2º	18	13	3	2	63	30
1956	1º	19	16	0	3	47	20
1955	1º	26	19	2	5	71	40
1954	4º	26	16	2	8	70	43
1953	7º	28	12	3	13	60	52
1952	5º	30	13	8	9	62	46
1951	5º	28	15	6	7	69	40
1950	3º	22	13	5	4	47	34
1949	4º	22	11	4	7	51	40
1948	2º	20	15	2	3	54	31
1947	6º	20	6	7	7	33	27
1946	4º	20	9	4	7	37	32
1945	6º	20	8	2	10	34	46
1944	6º	20	8	4	8	39	41
1943	6º	20	10	1	9	45	39
1942	6º	20	7	4	9	59	51
1941	5º	20	8	4	8	59	60
1940	7º	20	7	4	9	51	49
1939	6º	20	8	4	8	34	33
1938	6º	10	4	1	5	22	18
1937	5º	14	5	4	5	27	20
1936	4º	20	11	3	6	58	36
1935	1º	12	9	2	1	32	12
1934	5º	14	5	3	6	22	27

1933	5º	14	6	1	7	41	38
1932	8º	11	5	0	6	29	28
1931	3º	26	19	5	2	80	28
1930	4º	26	18	4	4	80	38
1929	2º	6	5	0	1	29	12
1928	2º	12	9	1	2	42	12
1927	2º	16	14	0	2	100	32
1926	4º	9	5	1	3	25	18
1925	4º	10	6	1	3	19	15
1924	4º	17	9	3	5	45	29
1923	9º	10	2	3	5	13	19
1922	11º	11	2	1	8	17	31
1921	10º	22	5	3	14	26	61
1920	Não disputou						
1919	8º	18	5	1	12	36	45
1918	4º	14	7	4	3	42	26
1917	3º	16	9	2	5	44	35
1916	3º	11	4	1	6	23	31

"Vocês quatro, formem um triângulo no meio do campo."

Lula, ex-técnico do Santos, atrapalhado com a matemática ao orientar seus jogadores.

OS MELHORES DE TODOS OS TEMPOS

GILMAR

NOME: Gilmar dos Santos Neves
NASCIMENTO: 22/8/1930, em Santos (SP)
JOGOS DISPUTADOS: 331
GOLS SOFRIDOS: 412
PERÍODO EM QUE ATUOU: de 1962 a 1969
TÍTULOS NO SANTOS: campeão paulista em 1962, 1964, 1965, 1967 e 1968; da Taça Brasil em 1962, 1963, 1964 e 1965; do Torneio Rio-São Paulo em 1963, 1964 e 1966; da Taça Libertadores em 1962 e 1963; do Mundial Interclubes em 1962 e 1963

Quando chegou ao Santos, aos 32 anos, Gilmar já era um ídolo consagrado no Corinthians e na Seleção Brasileira. No Peixe, Gilmar conquistou o que parecia impossível àquela época para qualquer clube brasileiro: duas Taças Libertadores e dois Mundiais Interclubes. A segurança, a tranqüilidade e a solidez embaixo das traves ajudaram o Santos a construir a imagem de time dos sonhos. Durante os oito anos que permaneceu no clube, faturou 16 títulos.

CARLOS ALBERTO

NOME: Carlos Alberto Torres
NASCIMENTO: 17/7/1944, no Rio de Janeiro (RJ)
JOGOS DISPUTADOS: 445
GOLS MARCADOS: 40
PERÍODO EM QUE ATUOU: de 1965 a 1975
TÍTULOS NO SANTOS: campeão paulista em 1965, 1967, 1968, 1969 e 1973; do Torneio Rio-São Paulo em 1966; da Taça Brasil em 1965; do Torneio Roberto Gomes Pedrosa

em 1968; da Recopa Sul-Americana em 1968; da Recopa Mundial em 1968

Carlos Alberto foi o primeiro lateral moderno da história do futebol brasileiro. Polivalente, atacava com eficiência (os 40 gols com a camisa do Peixe comprovam a vocação ofensiva) e marcava com vigor. A essas qualidades acrescentava uma personalidade forte que lhe garantia grande liderança dentro de campo.

MAURO

NOME: Mauro Ramos de Oliveira
NASCIMENTO: 30/8/1930, em Poços de Caldas (MG)
JOGOS DISPUTADOS: 354
GOLS MARCADOS: nenhum
PERÍODO EM QUE ATUOU: de 1960 a 1967
TÍTULOS NO SANTOS: campeão paulista em 1960, 1961, 1962, 1964 e 1965; do Torneio Rio-São Paulo em 1963; da Taça Brasil em 1961, 1962, 1963, 1964 e 1965; da Taça Libertadores em 1962 e 1963; do Mundial Interclubes em 1962 e 1963

Ao se transferir para o Santos depois de mais de uma década no São Paulo, Mauro teve de enfrentar a desconfiança da torcida, da imprensa e, dizem, até de alguns jogadores do Peixe. Afinal, estava perto dos 30 anos e vinha de uma seqüência de contusões. Mas foi no Santos que conquistou os maiores títulos da carreira. Jogou tanto futebol que virou titular e capitão da Seleção Brasileira campeã mundial em 1962 (foi reserva nas Copas de 1950, 1954 e 1958).

ALEX

NOME: Alex Rodrigo Dias da Costa
NASCIMENTO: 17/6/1982, em Niterói (RJ)
JOGOS DISPUTADOS: 103
GOLS MARCADOS: 20
PERÍODO EM QUE ATUOU: de 2002 a 2004
TÍTULOS NO SANTOS: campeão brasileiro em 2002 e 2004

Foi um dos heróis do inédito título brasileiro do Santos em 2002, sobre o Corinthians. Apesar de jovem, sempre passou confiança aos torcedores com sua técnica e jogo limpo. Vice-campeão da Libertadores em 2003, Alex se destacou também por seus gols de falta e cabeça. Foram 20 no total, o que lhe valeu a marca de zagueiro na história do clube. Em 2004 foi vendido ao PSV Eindhoven, da Holanda.

LÉO

NOME: Leonardo Lourenço Bastos
NASCIMENTO: 6/7/1975, em Campos (RJ)
JOGOS DISPUTADOS: 280
GOLS MARCADOS: 20
PERÍODO EM QUE ATUOU: de 2000 a 2005
TÍTULOS NO SANTOS: campeão brasileiro em 2002 e 2004

Titular do Peixe durante a primeira metade da década, o lateral-esquerdo Léo sempre foi um dos destaques do time. Com ele, o Santos chegou ao primeiro título brasileiro em 2002. Léo, inclusive, fez o gol do título na vitória por 3 a 2 sobre o Corinthians. Em 2004, o lateral levou o time ao bi do Brasileirão, antes de partir para o Benfica, de Portugal, em 2005.

ZITO

NOME: José Ely de Miranda
NASCIMENTO: 8/8/1932, em Roseira (SP)
JOGOS DISPUTADOS: 733
GOLS MARCADOS: 57
PERÍODO EM QUE ATUOU: de 1952 a 1967
TÍTULOS NO SANTOS: campeão paulista em 1955, 1956, 1958, 1960, 1961, 1962, 1964, 1965 e 1967; do Torneio Rio-São Paulo em 1959, 1963, 1964 e 1966; da Taça Brasil em 1961, 1962, 1963, 1964 e 1965; da Taça Libertadores em 1962 e 1963; do Mundial Interclubes em 1962 e 1963

Zito tinha uma prerrogativa que dá a dimensão exata de sua liderança no Santos: ele era o único jogador do time que passava pitos em Pelé. Reunia todas as qualidades de um craque. Atuava com garra, era técnico, exímio marcador e, quando necessário, atacava com competência. Acima de tudo, exercia uma autoridade incontestável dentro de campo.

> “Eu não sou o novo Pelé. Eu sou o Robinho.”
>
> Desabafo do atacante santista, incomodado com as comparações com o "Rei do Futebol".

GIOVANNI

NOME: Giovanni Silva de Oliveira
NASCIMENTO: 4/2/1972, em Abaetetuna (PA)
JOGOS DISPUTADOS: 135
GOLS MARCADOS: 73
PERÍODO EM QUE ATUOU: de 1994 a 1996, e em 2005
TÍTULOS NO SANTOS: nenhum

Maior nome do Santos nos anos 1990, o meia Giovanni não conquistou títulos pelo clube (na verdade, chegou a participar do Paulista de 2006, porém ele mesmo não se considera campeão), mas entrou para a galeria dos imortais do Peixe ao honrar a camisa 10 com sua técnica e lindos gols. Vice-campeão brasileiro de 1995, Giovanni fez uma partida memorável na semifinal contra o Fluminense, no Pacaembu, na vitória por 5 a 2. Artilheiro do Paulistão de 1996, o meia foi vendido ao Barcelona, da Espanha, por 10 milhões de dólares. Em 2005 voltou ao clube numa rápida passagem.

ROBINHO

NOME: Robson de Souza
NASCIMENTO: 25/1/1984, em São Vicente (SP)
JOGOS DISPUTADOS: 190
GOLS MARCADOS: 83
PERÍODO EM QUE ATUOU: de 2002 a 2005
TÍTULOS NO SANTOS: campeão brasileiro em 2002 e 2004

Grande destaque do Santos no inédito título brasileiro de 2002, Robinho entrou para a história do clube como a maior revelação do time depois de Pelé. Com suas pedaladas, derrubou os favoritos do Brasileirão de 2002 e marcou época com a camisa do Peixe ao carregar o time ao bicampeonato, em 2004. Em sua trajetória no clube, nunca perdeu para o Corinthians. Em 2005 foi levado pelo Real Madrid, da Espanha, por 30 milhões de dólares.

COUTINHO

NOME: Antônio Wilson Honório
NASCIMENTO: 11/6/1943, em Piracicaba (SP)
JOGOS DISPUTADOS: 457
GOLS MARCADOS: 370
PERÍODO EM QUE ATUOU: de 1958 a 1970
TÍTULOS NO SANTOS: campeão paulista em 1960, 1961, 1962, 1964, 1965 e 1967; do Torneio Rio-São Paulo em 1959, 1963, 1964 e 1966; do Torneio Roberto Gomes Pedrosa em 1968; da Taça Brasil em 1961, 1962, 1963, 1964 e 1965; da Taça Libertadores em 1962 e 1963; do Mundial Interclubes em 1962 e 1963

O "Gênio da Pequena Área", como era chamado na época, foi o mais perfeito parceiro de Pelé. Muitas vezes, seu estilo parecido com o do "Rei" confundia os próprios torcedores santistas: dribles curtos, inteligência, frieza no momento de decidir. Para não ser confundido com Pelé, usava um esparadrapo no pulso. Foi titular do timaço do Santos com apenas 16 anos.

PELÉ

NOME: Édson Arantes do Nascimento
NASCIMENTO: 23/10/1940, em Três Corações (MG)
JOGOS DISPUTADOS: 1.115
GOLS MARCADOS: 1.091
PERÍODO EM QUE ATUOU: de 1956 a 1974
TÍTULOS NO SANTOS: campeão paulista em 1958, 1960, 1961, 1962, 1964, 1965, 1967, 1968, 1969 e 1973; do Torneio Rio-São Paulo em 1959, 1963, 1964 e 1966; da Taça Brasil em 1961, 1962, 1963, 1964 e 1965; do Torneio Roberto Gomes Pedrosa em 1968; da Recopa Sul-Americana em 1968; da Recopa Mundial em 1968; da Taça Libertadores em 1962 e 1963; do Mundial Interclubes em 1962 e 1963

Eis o que o maior jogador de todos os tempos fez com a camisa 10 do Santos: foi 11 vezes artilheiro do Campeonato Paulista (na edição de 1958, marcou 58 gols, recorde que se mantém até hoje), ganhou 11 títulos estaduais, cinco Brasileiros (na época, Taça Brasil), duas Libertadores e dois Mundiais Interclubes, para ficar só nos mais importantes (somando tudo, incluindo títulos não mencionados aqui, a conta é de 46 troféus!). Isso sem falar no recorde de gols e de jogos disputados com a camisa do Peixe. Antes dele, o Santos era um time comum. Com ele, transformou-se no maior time da história do futebol, admirado no mundo inteiro.

NOME: José Macia
NASCIMENTO: 25/2/1935, em Santos (SP)
JOGOS DISPUTADOS: 759
GOLS MARCADOS: 405
PERÍODO EM QUE ATUOU: de 1955 a 1970
TÍTULOS NO SANTOS: campeão paulista em 1955, 1956, 1958, 1960, 1961, 1962, 1964, 1965, 1967, 1968 e 1969; do Torneio Rio-São Paulo em 1959, 1963, 1964 e 1966; da Taça Brasil em 1961, 1962, 1963, 1964 e 1965; do Torneio Roberto Gomes Pedrosa em 1968; da Recopa Mundial em 1968; da Recopa Sul-Americana em 1968; da Taça Libertadores em 1962 e 1963; do Mundial Interclubes em 1962 e 1963

Pepe gosta de dizer que é o maior artilheiro da história do Santos. Explica-se: Pelé superou a marca dos 1.000 gols, mas Ele, o Deus do futebol, não conta. Portanto, este ponta-esquerda de chute fortíssimo (seu apelido era "Canhão da Vila") pode se orgulhar de seu feito: marcou a enormidade de 405 gols em 15 anos de clube.

OS MAIORES ARTILHEIROS

Pelé	1.091 gols
Pepe.	405 gols
Coutinho.	370 gols
Toninho Guerreiro	283 gols
Feitiço	213 gols
Dorval	198 gols
Edu	183 gols
Araken Patusca.	177 gols
Pagão.	159 gols
Tite	151 gols

LIMA

NOME: Antônio Lima dos Santos
NASCIMENTO: 18/1/1942, em São Sebastião do Paraíso (MG)
JOGOS DISPUTADOS: 696
GOLS MARCADOS: 65
PERÍODO EM QUE ATUOU: de 1961 a 1971
TÍTULOS NO SANTOS: campeão paulista em 1961, 1962, 1964, 1965, 1967, 1968 e 1969; do Torneio Rio-São Paulo em 1963, 1964 e 1966; do Torneio Roberto Gomes Pedrosa em 1968; da Recopa Sul-Americana em 1968; da Recopa Mundial em 1968; da Taça Brasil em 1961, 1962, 1963, 1964 e 1965; da Taça Libertadores em 1962 e 1963; do Mundial Interclubes em 1962 e 1963

Os historiadores do Santos têm dificuldade em definir a posição de Lima. Ele atuou como lateral-direito, zagueiro, lateral-esquerdo, volante, armador, ponta-de-lança e até ponta-direita. Era o que mais corria em campo. Para muitos, foi o mais eficiente curinga do futebol brasileiro.

FEITIÇO

NOME: Luís Macedo Matoso
NASCIMENTO: 29/9/1901, em São Paulo (SP)
JOGOS DISPUTADOS: 151
GOLS MARCADOS: 213
PERÍODO EM QUE ATUOU: de 1927 a 1932, e em 1936
TÍTULOS NO SANTOS: nenhum

Coragem e determinação eram as maiores qualidades deste centroavante, o maior ídolo do Santos antes de Pelé. Peitou até o presidente Washington Luís, que pediu que uma partida entre cariocas e paulistas fosse reiniciada após a marcação de um pênalti inexistente. "O presidente manda no país. Em campo, mandamos nós", desafiou o craque.

SERGINHO CHULAPA

NOME: Sérgio Bernardino
NASCIMENTO: 23/12/1953, em São Paulo (SP)
JOGOS DISPUTADOS: 198
GOLS MARCADOS: 104
PERÍODO EM QUE ATUOU: de 1983 a 1984, em 1986 e de 1988 a 1990
TÍTULOS NO SANTOS: campeão paulista em 1984

Depois de arranjar muita confusão no São Paulo, o temperamental Serginho foi brigar em outra praia. E se deu bem. Em 1983 foi artilheiro do Campeonato Brasileiro pelo Santos. No ano seguinte fez o gol do título paulista do Peixe.

NOME: Dalmo Gaspar
NASCIMENTO: 19/10/1932, em Jundiaí (SP)
JOGOS DISPUTADOS: 369
GOLS MARCADOS: 4
PERÍODO EM QUE ATUOU: de 1957 a 1964
TÍTULOS NO SANTOS: campeão paulista em 1958, 1960, 1961, 1962 e 1964; do Torneio Rio-São Paulo em 1959 e 1963; da Taça Brasil em 1961, 1962 e 1963; da Taça Libertadores em 1962 e 1963; do Mundial Interclubes em 1962 e 1963

O zagueiro Dalmo foi frio e corajoso para bater o pênalti mais importante da história do Santos. Pelé não estava em campo na final do Mundial Interclubes contra o Milan, em 1963. Diante de 110.000 pessoas no Maracanã, Dalmo cobrou com categoria, no canto. Virou herói.

"A vitória por 5 a 2 contra o Benfica, na final do Mundial Interclubes de 1962, foi a maior atuação de um time na história do futebol."

Lima, um dos santistas que entraram em campo na brilhante conquista.

TONINHO GUERREIRO

NOME: Antônio Ferreira
NASCIMENTO: 10/8/1942, em Bauru (SP)
JOGOS DISPUTADOS: 373
GOLS MARCADOS: 283
PERÍODO EM QUE ATUOU: de 1963 a 1969
TÍTULOS NO SANTOS: campeão paulista em 1964, 1965, 1967, 1968 e 1969; do Torneio Rio-São Paulo em 1963, 1964 e 1966; da Taça Brasil em 1964 e 1965; do Torneio Roberto Gomes Pedrosa em 1968; da Taça Libertadores em 1963; do Mundial Interclubes em 1963; da Recopa Sul-Americana em 1968; da Recopa Mundial em 1968

Goleador e parceiro de tabelinhas com Pelé, Toninho Guerreiro era um tipo único de jogador: tinha excelente nível técnico e jogava com muita raça. Chegou a superar o "Rei" na artilharia de alguns campeonatos.

ANTONINHO

NOME: Antônio Fernandes
NASCIMENTO: 13/8/1921, em Santos (SP)
JOGOS DISPUTADOS: 400
GOLS MARCADOS: 145
PERÍODO EM QUE ATUOU: de 1941 a 1954
TÍTULOS NO SANTOS: nenhum

Armador cerebral, ganhou o apelido de "Arquiteto da Bola" por sua capacidade de construir jogadas geniais. Lutador incansável, foi um dos grandes ídolos santistas antes de Pelé. Como técnico, conquistou pelo Santos o tricampeonato paulista de 1967, 1968 e 1969.

JOEL CAMARGO

NOME: Joel Camargo
NASCIMENTO: 18/9/1946, em Santos (SP)
JOGOS DISPUTADOS: 286
GOLS MARCADOS: 4
PERÍODO EM QUE ATUOU: de 1964 a 1971
TÍTULOS NO SANTOS: campeão paulista em 1964, 1965, 1967, 1968 e 1969; da Taça Brasil em 1964 e 1965; do Torneio Roberto Gomes Pedrosa em 1968; do Torneio Rio-São Paulo em 1964 e 1966

O futebol clássico e raçudo do quarto-zagueiro Joel Camargo o levou à Seleção Brasileira, mesmo quando era reserva do argentino Ramos Delgado no Santos. Gabava-se da habilidade de desarmar o adversário sem fazer falta.

RAMOS DELGADO

NOME: José Manuel Ramos Delgado
NASCIMENTO: 26/8/1935, em Quilmes (Argentina)
JOGOS DISPUTADOS: 325
GOLS MARCADOS: 1
PERÍODO EM QUE ATUOU: de 1967 a 1972
TÍTULOS NO SANTOS: campeão paulista em 1967, 1968 e 1969; do Torneio Roberto Gomes Pedrosa em 1968

Capitão do Santos de 1968 a 1972, o zagueiro Ramos Delgado destacava-se pela capacidade técnica. Como todo bom argentino, era forte na marcação e exibia uma determinação inesgotável. Disputou duas Copas do Mundo (1958 e 1962) pela Argentina.

JUARY

NOME: Juary Jorge dos Santos Filho
NASCIMENTO: 16/6/1959, em São João do Meriti (RJ)
JOGOS DISPUTADOS: 231
GOLS MARCADOS: 101
PERÍODO EM QUE ATUOU: de 1976 a 1979 e 1989
TÍTULOS NO SANTOS: Paulista (1978)

Juary pode ser lembrado como o mais menino dos "Meninos da Vila". Era rápido, tinha jeito e sorriso de craque. Marcou época no Santos. Mais tarde atravessou o Atlântico e foi jogar no Porto. Antes, defendeu a Inter de Milão. Com o time português, em 1987, Juary se sagrou Campeão da Copa dos Campeões da Europa e do Mundial Interclubes.

TITE

NOME: Augusto Vieira de Oliveira
NASCIMENTO: 4/6/1930, em Campos (RJ)
JOGOS DISPUTADOS: 475
GOLS MARCADOS: 151
PERÍODO EM QUE ATUOU: de 1951 a 1957 e de 1960 a 1963
TÍTULOS NO SANTOS: campeão paulista em 1955, 1956, 1958, 1960, 1961 e 1962; da Taça Brasil em 1961 e 1962; do Torneio Rio-São Paulo em 1963; da Libertadores em 1962 e 1963; do Mundial Interclubes em 1962 e 1963

Ponta-esquerda versátil e de excelente toque de bola, conquistou a torcida com o amor que dedicava ao time. Músico nas horas vagas, chegou a compor canções em homenagem ao Peixe. É um dos dez maiores artilheiros da história do Santos.

ARAKEN PATUSCA

NOME: Araken Patusca da Silveira
NASCIMENTO: 17/7/1906, em Santos (SP)
JOGOS DISPUTADOS: 193
GOLS MARCADOS: 177
PERÍODO EM QUE ATUOU: de 1923 a 1929 e de 1935 a 1937
TÍTULOS NO SANTOS: campeão paulista em 1935

Jogador de toque de bola refinado e postura elegante, Araken Patusca foi o grande camisa 10 do Santos antes de Pelé. Jogava com o coração e, se preciso, dava sangue pelo time. Foi o único jogador paulista a disputar a Copa de 1930, no Uruguai.

CALVET

NOME: Raul Donazar Calvet
NASCIMENTO: 3/11/1934, em Bagé (RS)
JOGOS DISPUTADOS: 218
GOLS MARCADOS: 1
PERÍODO EM QUE ATUOU: de 1960 a 1964
TÍTULOS NO SANTOS: campeão paulista em 1960, 1961 e 1962; do Torneio Rio-São Paulo em 1963; da Taça Brasil em 1961 e 1962; da Taça Libertadores em 1962 e 1963; do Mundial Interclubes em 1962 e 1963

Ao lado de Mauro Ramos, formou uma das duplas de zaga mais técnicas da história do futebol brasileiro. Era tão habilidoso que costumava ser escalado para atuar no meio-campo. Em 1964, uma ruptura do tendão-de-aquiles encerrou sua carreira precocemente.

RILDO

NOME: Rildo da Costa Menezes
NASCIMENTO: 23/1/1942, em Recife (PE)
JOGOS DISPUTADOS: 325
GOLS MARCADOS: 10
PERÍODO EM QUE ATUOU: de 1967 a 1972
TÍTULOS NO SANTOS: campeão paulista em 1967, 1968 e 1969; do Torneio Roberto Gomes Pedrosa em 1968; da Recopa Sul-Americana em 1968; da Recopa Mundial em 1968

Rildo iniciou a carreira no folclórico Íbis, passou pelo Sport e se consagrou no Botafogo-RJ e no Santos, maiores times brasileiros da época. Não tinha muita habilidade, mas era excepcional na marcação. Demonstrava grande regularidade.

CLODOALDO

NOME: Clodoaldo Tavares de Santana
NASCIMENTO: 26/9/1949, em Aracaju (SE)
JOGOS DISPUTADOS: 516
GOLS MARCADOS: 13
PERÍODO EM QUE ATUOU: de 1966 a 1980
TÍTULOS NO SANTOS: campeão paulista em 1967, 1968, 1969, 1973 e 1978; do Torneio Roberto Gomes Pedrosa em 1968; da Recopa Sul-Americana em 1968; da Recopa Mundial em 1968

Ele assumiu a cabeça-de-área do Santos aos 17 anos com a responsabilidade de substituir o monstro-sagrado Zito. Com a disposição de um guerreiro, hábil e eficiente nas jogadas de ataque, transformou-se num dos grandes ídolos do clube. Foi titular do Brasil na Copa de 1970, naquele que até hoje é considerado o melhor time da história do futebol.

DORVAL

NOME: Dorval Rodrigues
NASCIMENTO: 26/2/1935, em Porto Alegre (RS)
JOGOS DISPUTADOS: 612
GOLS MARCADOS: 198
PERÍODO EM QUE ATUOU: de 1956 a 1967
TÍTULOS NO SANTOS: campeão paulista em 1958, 1960, 1961, 1962, 1964 e 1965; do Torneio Rio-São Paulo em 1959, 1963, 1964 e 1966; da Taça Brasil em 1961, 1962, 1963, 1964 e 1965; da Taça Libertadores em 1962 e 1963; do Mundial Interclubes em 1962 e 1963

Veloz e habilidoso, formou ao lado de Coutinho, Pelé e Pepe o ataque mais voraz da história do futebol brasileiro. Apesar de ser ponta-direita nato (naquela época, os pontas eram dribladores que jogavam na lateral do campo), marcou 198 gols com a camisa do Santos. Na Seleção, teve o azar de ser contemporâneo do insuperável Garrincha.

> “E daí que sou tímido?
> Calei a boca de todo mundo.”

Giovanni, meia santista autor de dois dos cinco gols do Peixe na espetacular vitória por 5 a 2 contra o Fluminense, pela semifinal do Campeonato Brasileiro de 1995.

OS QUE MAIS VESTIRAM A CAMISA

Pelé . . . . 1.115 jogos
Pepe. . . . . 759 jogos
Zito . . . . 733 jogos
Lima . . . . 696 jogos
Dorval . . . . 612 jogos
Edu . . . . 584 jogos
Clodoaldo . . . . 516 jogos
Tite . . . . 475 jogos
Coutinho. . . . . 457 jogos
Carlos Alberto. . . . . . 445 jogos

CURIOSIDADES

O soco no ar, gesto consagrado por Pelé na comemoração de gols, nasceu como um desabafo. Em um jogo contra o Juventus na Rua Javari, em 1959, o "Rei" estava sendo vaiado impiedosamente pela torcida. Quando a partida se arrastava num insosso 0 a 0, Pelé recebeu na entrada da área, aplicou dois chapéus nos zagueiros e concluiu de cabeça. Na comemoração, socou o ar como se quisesse acertar em cheio o rosto de cada torcedor.

Uma das maiores lambanças da história do futebol brasileiro aconteceu na decisão do Campeonato Paulista de 1973, entre Santos e Portuguesa. Depois do empate de 0 a 0 no tempo normal e na prorrogação, a decisão foi para os pênaltis. O Santos fez 2 a 0 e a Portuguesa errou o terceiro. Confuso, o árbitro Armando Marques encerrou a série de cobranças, mesmo com a Portuguesa podendo empatar, declarando o Peixe campeão. Quando percebeu o erro, quis voltar atrás, mas a Portuguesa já tinha deixado o Morumbi. Depois a Federação Paulista declarou os dois times campeões daquele ano.

Pelé disputou quatro edições do Campeonato Brasileiro (sem contar a Taça Brasil e o Torneio Roberto Gomes Pedrosa). Marcou 34 gols em 84 jogos.

O goleiro uruguaio Rodolfo Rodríguez realizou com a camisa do Santos uma das seqüências de defesas mais espetaculares da história do futebol. Numa partida contra o América de São José do Rio Preto na Vila Belmiro, em 1984, ele evitou o gol em cinco chutes seguidos à queima-roupa.

Por falta de dinheiro, o Santos teve de abandonar seu primeiro Campeonato Paulista, em 1913. A razão da quase falência eram as constantes idas de trem a São Paulo para enfrentar times da capital.

A vocação ofensiva do Santos revelou-se desde cedo. Em 1927, muito antes de Pelé, Coutinho, Pepe e companhia humilharem adversários com goleadas monumentais, o time comandado pelo genial Araken Patusca quebrou a barreira dos 100 gols marcados em um único Campeonato Paulista. O surpreendente é que o Santos atingiu este recorde em apenas 16 jogos, o que dá a média de 6,25 gols por partida.

Na partida Corinthians 11 x 0 Santos, em 1920, em plena Vila Belmiro, os jogadores do Santos protagonizaram um dos protestos mais esquisitos de que se tem notícia dentro dos gramados. Inconformados com a arbitragem de Eduardo Taurisano, os santistas começaram a chutar a bola contra o próprio gol. Cada um que marcava era expulso, mas o juiz validava todos. O resultado é a maior goleada sofrida pelo Peixe – ironicamente, a maioria dos gols foram feitos pelos próprios jogadores do Santos.

Três jogadores do Santos foram artilheiros da Taça Libertadores. Em 1962, Coutinho marcou seis gols, dividindo a marca com o equatoriano Spencer, do Peñarol, e com o equatoriano Enrique Raymondi, do Emelec. Em 1965, Pelé foi o artilheiro, com oito gols. O último jogador a conseguir o feito foi Ricardo Oliveira, que balançou a rede nove vezes na Libertadores de 2003, junto com o argentino Marcelo Delgado, do Boca Juniors.

Em 2002, o Santos terminou a fase de classificação do Campeonato Brasileiro em oitavo lugar, superando o Cruzeiro apenas no saldo de gols. Na primeira rodada do mata-mata, enfrentou o São Paulo, que tinha feito 13 pontos a mais do que o Peixe ao longo do campeonato. Com show de Robinho e Diego, o Santos venceu as duas partidas e deslanchou para o título. Nas semifinais, passou fácil pelo Grêmio. E, na final, a cena inesquecível foram as oito pedaladas que o espevitado Robinho deu em cima do lateral Rogério, do Corinthians, que só conseguiu pará-lo cometendo pênalti.

O Santos é o único clube brasileiro a aplicar mais de cem goleadas (foram exatas 101) por seis ou mais gols de diferença em campeonatos regionais.

CURIOSIDADES IRRELEVANTES (MAS INTERESSANTES)

Antes de se consagrar no futebol, Araken Patusca foi campeão paulista dos 110 metros com barreiras.

O goleiro Zaluar, do Corinthians de Santo André, tomou o primeiro gol de Pelé com a camisa do Santos. A bola passou no meio de suas pernas.

Com 59 quilos, Robinho é um dos jogadores mais magros a vestir a camisa do Santos.

Os chutes de canhota do ponta-esquerda Pepe atingiam a velocidade de 122 km/h.

Quando foi contratado pelo Peixe, o "Animal" Edmundo passou a ser chamado de "Tubarão" pela torcida santista.

Maior volante da história do Santos, Zito é também campeão de sinuca.

O apelido original de Coutinho era "Cotinho". Foi a imprensa santista que acrescentou o "u".

Ao se aposentar do futebol, o lendário volante e armador Mengálvio foi trabalhar como fiscal de cinemas para a Warner e a Fox.

Em uma excursão do Santos à África, Pelé pediu ao jornalista Odair Pimentel para substituí-lo no passeio pela cidade. Parecido com o "Rei", Pimentel deu autógrafos e foi ovacionado pela multidão.

Boêmio, o ponta-direita Dorval costumava escapar à noite das concentrações. Quem o protegia era o comportado Gilmar, companheiro de quarto que jamais o denunciou.

NOMES CURIOSOS DE JOGADORES

Adiel de Oliveira Amorim (Adiel)
Alarico Cidival Agostini Netto (Netto)
Danacir Maia (Cilinho)
Fiordemundo Marolla Júnior (Marolla)
Ivanílton Sérgio Guedes (Sérgio)
Jerri Ariel Farias Hahn (Jerri)
Lucenilde Pereira da Silva (Lúcio)
Luvanor Donizete Borges (Luvanor)
Mengálvio Figueiró (Mengálvio)
Weldon Santos de Andrade (Weldon)

NÚMEROS

Um dos maiores tabus da história do futebol brasileiro foi estabelecido pelo Santos. O Peixe ficou 11 anos (entre 1957 e 1968) sem perder do Corinthians pelo Campeonato Paulista.

Ao lado do Botafogo-RJ, o Santos detém o recorde de jogadores titulares da Seleção Brasileira em uma única partida. No jogo Brasil 2 x 1 Alemanha, realizado em Hamburgo no dia 5 de maio de 1963, eram oito santistas em campo: Gilmar, Lima, Zito, Mengálvio, Dorval, Coutinho, Pelé e Pepe.

Segundo a Fifa, o Santos foi o primeiro time do mundo a atingir a marca de 10 mil gols. O feito foi realizado pelo meia Jorginho, que anotou o terceiro gol da vitória por 4 a 3 contra o Villa Nova-MG pela Copa do Brasil, em 20 de janeiro de 1998.

Na temporada de 1962, considerada por santistas históricos a mais vitoriosa da história do time, o Santos marcou 216 gols e sofreu apenas 60 – o saldo positivo é de incríveis 156 gols. Em 64 partidas realizadas naquele ano, o Peixe venceu 46, empatou 10 e só perdeu 8.

Antes de Pelé, o Santos conquistou três Campeonatos Paulistas (1935, 1955 e 1956). Depois de sua saída, ganhou outros três (1978, 1984 e 2006). Enquanto o "Rei" esteve em campo, foram dez títulos estaduais.

Em toda a história, o Santos conquistou 70% dos pontos disputados na Vila Belmiro. O índice altíssimo de aproveitamento faz jus à fama de alçapão da Vila.

Com 21 títulos oficiais no currículo, o técnico Lula, comandante do esquadrão do Santos de 1954 a 1966, é um dos profissionais mais vitoriosos da história do futebol brasileiro. Com ele, o Peixe ganhou os dois Mundiais Interclubes e as duas Libertadores. Foi Lula quem colocou Pelé em campo com a camisa do Santos pela primeira vez.

Para aqueles que teimam em dizer que o Real Madrid de Di Stefano foi tão bom quanto o Santos de Pelé, eis os fatos: maior artilheiro da história do Real, Di Stefano fez 307 gols pelo clube. Os três principais artilheiros santistas superam fácil essa marca. Pelé marcou 1.091 gols, Pepe 405 e Coutinho 370.

O ponta-esquerda Edu estreou no time principal do Santos com apenas 15 anos. Aos 16, participou da Copa do Mundo de 1966.

O título brasileiro de 2004 foi a oitava conquista nacional da história do Santos. O time ganhou também o Brasileiro de 2002, as Taças Brasil de 1961 a 1965 e o Torneio Roberto Gomes Pedrosa de 1968.

TORCEDORES ILUSTRES

Amyr Klink, navegador
Cláudia Liz, modelo
Eduardo Suplicy, senador
Fábio Júnior, cantor
Falcão, cantor brega
Guilherme Arantes, cantor
Itamar Assumpção, músico
Joaquim Cruz, campeão olímpico de atletismo
José Miguel Wisnik, professor de literatura
Juliana Paes, atriz
Mano Brown, rapper líder dos Racionais MC
Mário Covas, ex-governador de São Paulo
Ney Latorraca, ator
Nuno Leal Maia, ator
Oscar Schmidt, cestinha da seleção de basquete
Paulo Miklos, músico dos Titãs
Robert Scheidt, bicampeão olímpico de iatismo
Roberto Pompeu de Toledo, jornalista
Tony Bellotto, músico dos Titãs
William da Silva, ex-levantador da seleção de vôlei